VIe CONGRÈS NATIONAL DES PÊCHES MARITIMES

TUNIS — 1914

IIIe SECTION

LA LUTTE DES FABRICANTS FRANÇAIS DE CONSERVES DE SARDINES CONTRE LA FRAUDE

Par M. LEMY

Fabricant de conserves

Secrétaire du Syndicat national des Fabricants français de conserves de sardines et autres poissons.

Lorsqu'un produit a conquis le goût du public, il se trouve toujours des industriels peu scrupuleux pour essayer de vendre, sous le nom de ce produit, un article de qualité et de valeur moindres, mais dont l'apparence peut tromper l'acheteur.

Les conserves de sardines françaises n'ont pas échappé à ce genre de contrefaçon.

La sardine est pêchée, depuis des siècles, sur les côtes de Bretagne et de Vendée, et y a toujours été désignée ainsi.

En 1822, un industriel nantais a eu l'idée d'appliquer à la conservation de ce poisson la méthode d'Appert qui commençait à être connue, et a fabriqué pour la première fois les conserves de sardines à l'huile qui sont devenues familières aux consommateurs de tous les pays.

Les noms des éléments qui composaient ce produit : des sardines et de l'huile, ont naturellement servi à le désigner et l'expression « sardines à l'huile » a fini par être connue de tous.

Pendant longtemps l'industrie dont nous nous occupons n'a été exercée qu'en France, et seules les conserves de sardines françaises ont été connues du public ; elles n'ont pas tardé à devenir l'objet d'un commerce très important, et qui a été en croissant jusqu'au commencement de la dernière période de pénurie.

Les sardines étant abondantes sur les côtes de Bretagne et de Vendée, et ceux qui se livraient à leur mise en conserves pouvant trouver facilement les matières premières nécessaires et l'écoulement de leur fabrication, il ne semble pas que pendant longtemps il y ait eu de tentatives sérieuses et suivies de vendre un autre poisson à leur place.

Il y a un peu plus de trente ans cependant, la sardine est devenue rare sur les côtes françaises de l'Atlantique, et des industriels, sachant que l'on en trouvait sur celles de Portugal, sont allés dans ce pays, et y ont fondé des usines pour la conservation de ces poissons.

Malheureusement, afin d'écouler plus facilement leurs produits, le public considérant qu'il n'y avait de bonnes sardines que de France, les industriels établis en Portugal ont dans trop de cas, cherché à dissimuler l'origine véritable de leurs conserves et à les vendre sous des apparences propres à les faire passer pour « produits français ». Il y avait là une tromperie fâcheuse sur l'*origine* du produit, mais il n'y avait du moins pas tromperie sur la *nature* de celui-ci.

Vers la même époque, d'autres industriels moins scrupuleux encore ont cherché à remplacer la sardine qui, étant rare et recherchée, était d'un prix élevé, par un poisson y ressemblant plus ou moins, le sprat, qu'ils ont mis en conserve dans leurs usines de France, et ont offert sous le nom de « sardines ».

Un certain nombre de fabricants français, dès que cette

fraude leur a été connue, n'ont pas hésité à faire poursuivre ces fabricants, bien que ceux-ci fussent leurs confrères et leurs compatriotes, et ont obtenu les condamnations qu'ils sollicitaient par les jugement suivants :

Jugement de Nantes, le 6 mars 1880.
Arrêt de la Cour d'appel de Rennes, 27 décembre 1881.
Jugement de Nantes, 18 juillet 1903.
Arrêt de la Cour d'appel de Rennes, 22 mars 1904.

La sardine étant, à partir de 1889, revenue en abondance sur les côtes de Bretagne, les fabricants français ont négligé pendant un certain temps de chercher à faire réprimer la fraude sur l'origine dont il a tout d'abord été question ; mais ils ont avec le temps été amenés à s'apercevoir de l'erreur qu'ils commettaient en agissant ainsi et ont cherché, par tous les moyens en leur pouvoir, à entraver les pratiques répréhensibles de leurs concurrents étrangers.

C'est ainsi qu'ils ont réussi à obtenir du Parlement français le vote d'une loi déclarant que ne seront admises au transit, à l'importation et à la vente en France que les conserves de sardines étrangères en récipients portant estampé sur le fond ou le couvercle, le nom du pays d'origine.

Cette loi, après avoir été l'objet de longues discussions dans les commissions de la Chambre, par suite de l'opposition d'intermédiaires qui profitaient de l'état de choses qu'elle allait faire cesser, a été votée le 16 juillet 1906.

Pendant ce temps, dans certains pays où on ne trouve pas de sardines véritables, des industries se sont créées qui consistent à mettre en conserves les petits poissons que l'on trouve dans ces pays ; sprats en Norvège, petits harengs en Amérique, et à les vendre sous le nom de « sardines ».

Cette nouvelle fraude a, pendant un certain temps, passé inaperçue des fabricants français ; dès qu'ils l'ont connue, ils ont cherché à la faire réprimer et ont cru devoir commencer en France les poursuites à exercer.

Dix d'entre eux ont poursuivi devant le Tribunal de commerce de la Seine un importateur et un épicier qui avaient vendu des sprats norvégiens étiquetés « sardines ».

Un jugement du Tribunal de commerce de la Seine, en date du 9 décembre 1908, et un arrêt de la Cour d'appel de Paris, en date du 13 mai 1910, en condamnant les défendeurs, a fait une fois de plus triompher le principe de la loyauté et de la véracité en matière d'étiquetage. Mais ce procès avait duré plus de deux ans, et pendant ce temps la vente des soi-disant sardines norvégiennes se développait considérablement en Angleterre et dans quelques autres pays.

Aussitôt l'arrêt de la Cour d'appel rendu, les mêmes fabricants français auxquels s'étaient joints quelques-uns de leurs confrères ont fait étudier les moyens d'exercer des poursuites analogues en Angleterre et ont poursuivi un importateur de ces produits devant le tribunal de Guild' Hall ; après un procès qui a duré plus d'un an, le magistrat a déclaré que seule la véritable sardine, « clupea pilchardus », pouvait être étiquetée « sardine » ; mais il a renvoyé le prévenu des fins de la plainte comme ayant agi de bonne foi.

Les fabricants français ont alors fait de nombreuses annonces dans la presse anglaise, pour prévenir tous les commerçants que la chose pouvait intéresser, qu'ils poursuivraient ceux qui continueraient à vendre des sprats pour des sardines.

Le même importateur ayant non seulement continué à vendre ainsi ses produits, mais ayant eu recours à une publicité plus grande encore que par le passé, pour les recommander au public, les fabricants l'ont poursuivi de nouveau

Le magistrat de Bow Street, devant lequel l'affaire a été évoquée, a confirmé les dires du magistrat de Guild' Hall et a condamné, le 20 mars 1914, les prévenus. (Nous donnons en annexe le texte de ce jugement).

Un procès entamé devant le Tribunal de Hambourg a eu le même résultat. (Jugement du 6 novembre 1913).

Ces deux jugements sont frappés d'appel, et des décisions définitives ne tarderont pas à être rendues ; tout fait prévoir qu'elles confirmeront les décisions des premiers juges.

Les fabricants français, ou du moins certains d'entre eux, ont donc fait tout ce qui était en leur pouvoir pour défendre leur industrie menacée par les agissements illicites de certains industriels , et cela sans solliciter l'aide de personne ; mais il est malheureusement certaines pratiques contre lesquelles ils sont impuissants si le gouvernement français ne leur vient pas en aide.

Il arrive encore trop souvent que des sardines espagnoles ou portugaises soient expédiées directement de leur pays d'origine vers d'autres contrées sous des marques propres à les faire passer pour des sardines conservées en France. Les fabricants français, dans leurs congrès, avaient demandé qu'on n'accordât au Portugal, qui le sollicitait, le bénéfice de notre tarif minimum que si les pouvoirs publics de ce pays s'engageaient à ne laisser sortir du territoire portugais de conserves de sardines qu'à condition que les boîtes portassent estampé le nom du pays d'origine ; malheureusement, les fabricants n'ont pas été écoutés, et le Portugal a obtenu le bénéfice du tarif minimum, sans qu'il ait pris aucun engagement de faire réprimer une fraude qui porte à notre industrie le plus grave préjudice.

D'un autre côté, s'il est possible à nos fabricants d'obtenir, dans certains pays, par des procès, fort longs et coûteux du reste, que l'on réprime la fraude qui consiste à vendre d'autres poissons sous le nom de sardines, il est un marché très important où pareille chose n'est pas possible, c'est celui des Etats-Unis d'Amérique.

Il n'y a pas de sardines aux Etats-Unis, mais, depuis un certain nombre d'années déjà, on y met en conserves, principalement dans l'Etat du Maine, des petits harengs, que l'on étiquette « sardines ».

Lorsque fut votée la loi de la nourriture pure (pure food law), en 1906, il semblait que cette pratique dût être de celles que la nouvelle loi allait réprimer, et tel était l'avis du docteur Wiley, qui était alors chef du bureau de chimie de Washington et chargé tout spécialement de la répression des fraudes alimentaires. Les fabricants du Maine s'émurent et, à la suite de leurs démarches à Washington, le bureau de chimie du département de l'Agriculture publia une décision (n° 64), dans laquele il déclare que tous les petits clupéidés conservés en boîtes pourraient être étiquetés « sardines ».

Ainsi qu'on le verra par la traduction d'une lettre du docteur Wiley, publiée à la suite de ce rapport, celui-ci s'était vigoureusement opposé à cette décision et il estime que le gouvernement américain devra la rapporter un jour.

Après les jugements de Londres et de Hambourg, il semble que le gouvernement français sera armé pour demander au gouvernement américain, à la première occasion favorable, de rapporter une décision qui est un véritable déni de justice.

Nous tenons à faire observer que les fabricants français n'ont pas cherché à mettre d'entraves au commerce légitime de leur concurrents, ni à jouir d'un traitement de faveur en France ou à l'étranger ; ils demandent seulement que l'on empêche de vendre 1° comme *produits français*, des produits qui ne sont pas originaires de France, et 2° comme *sardines*, des poissons autres que la véritable sardine.

C'est en somme les seuls principes de la loyauté commerciale dont ils se réclament et leurs intérêts sont solidaires non seulement de ceux des pêcheurs français et des ouvriers et ouvrières d'usine, mais aussi de ceux des consommateurs.

Les législations de tous les pays considèrent comme une faute punissable de tromper le consommateur sur la nature du produit que l'on vend ; si toutes ne sont pas aussi formelles en ce qui concerne la tromperie sur l'origine, celles des pays les plus importants, au point de vue commercial, la prévoient et la punissent également.

Il est juste, si le consommateur est disposé à donner une plus-value à un certain produit d'une origine déterminée, parce qu'à tort ou à raison il le considère comme supérieur à des produits semblables d'une autre origine, ou bien de la même ou d'une autre origine, mais d'espèce ou de nature différente, qu'on ne puisse lui vendre, sous le nom du produit qu'il demande, un produit différent ou d'autre origine, qu'il ne paierait pas au même prix, s'il en connaissait la nature et l'origine.

Si pareille fraude n'était pas réprimée, le consommateur, ne trouvant souvent pas de différence de qualité entre les articles qui lui seraient vendus sous le nom du produit estimé et ceux qui lui seraient vendus comme d'espèce ou d'origine différente, cesserait d'accorder une plus-value au premier, au grand détriment de tous ceux qui le fabriquent.

Ce sont là des principes généraux qui s'appliquent à la vente de tous les produits industriels ; aussi tous les commerçants et les industriels honnêtes ont-ils vu avec plaisir étendre, par la loi du 28 juin 1913, à toutes les conserves de poissons les prescriptions de la loi du 16 juillet 1906 concernant les conserves de sardines.

Nous savons qu'une proposition de loi, récemment déposée, tend à modifier la loi de 1913 de façon à permettre le transit des boîtes de conserves de poisson autre que la sardine de plus de un kilo. Dans l'intérêt des pêcheurs français, notamment des thonniers, et dans celui des fabricants de conserves de thon, il est fort désirable que le Parlement n'adopte pas cette proposition de loi qui ne répond à aucun besoin légitime.

ANNEXE I

BOW STREET Police Court

LONDON W. C.

Friday, March 20 th. 1914

JUGEMENT

Les défendeurs W. et S. sont poursuivis pour avoir appliqué une fausse appellation commerciale, en l'espèce le mot « sardines », à du poisson à l'huile conservé en boîte.

La question en litige dans ce long procès est de savoir si les défendeurs avaient ou non le droit de vendre un poisson norvégien connu comme le brisling sous le nom de « Skipper Sardines » ou « Norwegian Skipper Sardines » (Sardines norvégiennes du caboteur).

Les faits qui ont été prouvés ou admis sont :

1° Les marchandises étaient des brislings norvégiens.

2° Elles avaient été facturées comme « Skipper Sardines ».

3° Les boîtes dans lesquelles les poissons étaient conservés étaient marquées « Norwegian Skipper Sardines in pure olive oil packed in Norway with delicious spicing » (Sardines Norvégiennes du caboteur à l'huile d'olive pure, mises en boîtes en Norvège avec des aromates délicieux).

4° Le papier transparent dans lequel étaient enveloppées les boîtes contenant les poissons portait les mots « Norwegian Skipper Sardines packed in virgin olive oil » (Sardines Norvégiennes du caboteur couvertes à l'huile d'olive vierge).

5° Une étiquette ou sceau en papier attaché à l'enveloppe en papier portait les mots « Skipper Sardines » imprimés en rouge.

6° L'industrie de conserver le brisling à l'huile dans des boîtes existe en Norvège depuis 1879 : tout d'abord, ces poissons ont été appelés « sprotten in oel », plus tard on les a étiquetés « sprotten à la sardine » et plus tard encore « Norwegian Sardines ».

7° Le commerce de ces marchandises a grandi rapidement pendant les dix dernières années, et a atteint maintenant de grandes proportions.

8° Les défendeurs exploitent ici (en Angleterre) depuis 1903 un commerce d'importation et de vente de brislings norvégiens conservés à l'huile dans des boîtes, et pendant ce temps ils ont toujours donné à ces marchandises le nom de « Norwegian Sardines » ; ils ont vendu ces marchandises sous différentes marques, parmi lesquelles la marque « Skipper ».

9° En décembre 1912, ils ont vendu à un Monsieur Jack Lauter une certaine quantité de ces marchandises portant les appellations commerciales mentionnées dans les paragraphes 2 et 3 de ce jugement.

10° Le brisling norvégien est une branche de la famille de poissons appelés « clupéidés » ; il est identique au sprat (clupea sprattus) et distinct du pilchard (nom anglais de la sardine) qui forme une autre branche de la famille des clupéidés, et est connu sous le nom de clupea pilchardus.

11° Depuis 1882, existe en France l'industrie de conserver le pilchard non adulte dans des boîtes, et une industrie semblable existe en Cornwall depuis 1874. Ces poissons sont vendus en Angleterre sous le nom de « sardines ».

12° Le mot « sardine » est le nom français du pilchard avant sa capture, et après qu'ayant été pris, il a été préparé et conservé à l'huile dans des boîtes. Il est en France réservé au pilchard, bien que des gens déshonnêtes aient pu préparer et étiqueter d'autres petits poissons, et les avoir frauduleusement vendus comme « sardines ».

13° Le mot « sardine » est également appliqué au pilchard qui est conservé avec de l'huile en Espagne et en Portugal et exporté dans notre pays et d'autres régions. En Espagne et en Portugal aussi des gens déshonnêtes ont préparé, mis en boîtes et étiqueté d'autres poissons et les ont frauduleusement vendus comme « sardines ».

14° Je considère comme un fait prouvé que la dénomination commerciale « sardine » n'était pas au moment où le Merchandise Marks Act de 1887 a été promulgué une dénomination légalement et généralement appliquée à toute marchandise formée de n'importe quel petit poisson propre à être conservé, mais au contraire était seulement appliquée légalement et généralement à l'espèce définie et particulière de poisson que l'on nomme « pilchard ».

15° Je considère comme un fait prouvé que le mot « sardine » est et a toujours été réservé par des restaurateurs éminents et par les négociants en produits alimentaires et conserves de premier rang au pilchard non adulte conservé avec de l'huile dans des boîtes.

16° Je considère qu'il est prouvé que les défendeurs avaient coutume, en appliquant la dénomination « sardine » au brisling norvégien conservé avec de l'huile dans des boîtes, d'ajouter au mot « sardine » un ou plusieurs autres mots pour composer la dénomination et que dans l'espèce actuelle les mots « Norwegian » et « Skipper » ont été employés immédiatement avant le mot « sardine ». La dénomination portée sur la boîte et la couverture en papier était ainsi « Norwegian Skipper Sardines » ; sur la facture et l'étiquette en papier ou scellé, elle était « Skipper Sardines ».

17° Je suis arrivé en conséquence à cette conclusion : que les défendeurs ont vendu des marchandises auxquelles une fausse appellation commerciale avait été appliquée ; ils ne m'ont pas prouvé qu'au moment où ils ont commis cette infraction, ils n'avaient pas de raison de douter de la légitimité de cette dénomination commerciale, ni qu'ils ont agi de bonne foi. En conséquence, je les condamne et leur impose à chacun une amende de £ 20, et je fixe à 100 guinées les frais judiciaires à la charge de chacun d'eux.

ANNEXE II

Washington, 22 août 1912.

TOOD HOUSEKEEPING MAGASINE

BUREAU OF TOODS AND HEALTH

Woedward Bueldings Washington A.C.

Monsieur Pierre Lemy,
108, rue Saint-Honoré, Paris.

Cher Monsieur,

Je vous remercie beaucoup de votre lettre du 5 courant, qui ne m'est pas parvenue plus tôt parce que j'étais absent de Washington.

J'avais appris par les journaux la décision au sujet des sardines, mais je suis heureux d'avoir les détails plus complets que vous m'avez envoyés. Vous savez peut-être que j'ai été très fortement opposé aux termes de la décision n° 64 du bureau d'inspection de la nourriture, et j'espère voir quelque jour cette décision rapportée.

J'ai toujours l'opinion que j'ai exprimée dans mon livre sur les produits alimentaires et leurs falsifications, seconde édition, pages 139, 140 et 141. Voici, en résumé, mon opinion au sujet des sardines :

La sardine véritable, qui est capturée dans la mer Méditerranée et le long de la côte de France, est le pilchard, et le seul membre de la famille des clupéidés que l'on puisse appeler de ce nom.

L'expression « sardines » appliquée aux sprats est une tromperie et, dans mon opinion, une violation des lois sur les produits alimentaires et pharmaceutiques des Etats-Unis. La permission d'appeler de tel poisson « sardines » a été basée uniquement sur l'opinion des commissaires experts en poissons des Etats-Unis, et ceux-ci avaient, de leur côté, basé leur opinion sur une coutume commerciale ; mais les lois sur la nourriture ont été votées afin de changer des coutumes commerciales très fâcheuses et, par conséquent, les sprats norvégiens et les harengs du Maine ne peuvent pas être appelés « sardines ».

Je suis tout à fait d'accord avec la thèse française sur ce point et espère quelque jour la voir adopter dans ce pays comme la définition commerciale de la sardine.

Je vous autorise à publier cette déclaration de toutes façons que vous pourrez juger utiles ; j'estime que l'étiquetage honnête et correct des produits alimentaires et pharmaceutiques devrait être exigé.

Agréez...

Signé : H.-W. Wiley.

Orléans — Imp. Aug. Gout et Cie

www.ingramcontent.com/pod-product-compliance
Lightning Source LLC
LaVergne TN
LVHW012020170826
845678LV00004BA/1582

* 9 7 8 2 3 2 9 6 1 8 4 1 8 *